AF261799

LA
CENTRALISATION
ET LA
REVOLUTION

PAR UN PARISIEN

PARIS

JOSEPH ALBANEL, LIBRAIRE

7, RUE HONORÉ-CHEVALIER, 7.

—

1871

LA CENTRALISATION

ET

LA RÉVOLUTION

PARIS.— IMPR. ADRIEN LE CLERE, RUE CASSETTE, 29.

LA
CENTRALISATION
ET LA
RÉVOLUTION

PAR UN PARISIEN

PARIS

JOSEPH ALBANEL, LIBRAIRE

7, RUE HONORÉ-CHEVALIER, 7.

—

1871

LA CENTRALISATION

ET

LA RÉVOLUTION

———◆◆◆———

Le 25 avril 1871.

I

La France subit en ce moment des désastres si accablants, des épreuves si multipliées et si persévérantes, qu'on peut dire, en vérité, que l'histoire n'en a pas enregistré de plus grands. Jetée il y a dix mois, par un concours de circonstances qu'il serait trop long d'énumérer ici, mais jetée surtout par les imprévoyances de son gouvernement dans la guerre la plus sanglante, la France a été ravagée et rançonnée sans mesure ; elle est enfin démembrée sans merci !

Elle n'avait pas souhaité la guerre ; elle en subit les charges, les dévastations et les douleurs ! Elle n'avait aucune passion de s'agrandir, et voilà qu'on lui prend l'Alsace et la Lorraine pour la punir de ses instincts envahissants ! — Passionnée pour la paix, la souhaitant avec ardeur, la France, après le désastre de Sedan, a laissé tomber, en quelques heures, le seul gouvernement qui pouvait la lui rendre !... Elle a souffert, sans protestation, l'usurpation des hommes qu'elle redoutait et réprouvait le plus ! — Bien plus, elle s'est laissée jeter, sans illusions, sans espérances, et par la main d'un dictateur, sorti tout à coup de Paris en ballon, dans les horreurs désespérées d'une tuerie à outrance ! Elle a livré, sans résistance et sans contrôle, à l'incapacité d'un furibond, sa vie, sa fortune, son honneur et son sang!

C'est la France qui a fait cela, dit-on : c'est elle qui a voulu la guerre ! — C'est la France qui a renversé l'empire et proclamé la république ! — C'est la France qui a donné à M. Trochu, à M. Crémieux, à M. Jules Favre, à M. Glais-Bizoin, la mission de la gouverner et le pouvoir de la ruiner ! — C'est elle qui a mis la dictature entre les mains de ces hommes ignorants et pervers, qui l'ont livrée en fin de compte à la merci de ce vainqueur délicat qui s'appelle l'empereur Guillaume !

Pourquoi s'affliger des malheurs de la France ? dit-on le plus généralement en Europe. La France ne les a que trop mérités ! — La France est un pays ingouvernable ! — Elle est le fléau du monde ! — Toutes les agitations, toutes les révolutions, toutes les commotions politiques et sociales qui, depuis un siècle, nous agitent et nous menacent, sont parties de la France ! — La France est notre trouble-fête, et ce serait une grande sottise de hasarder pour elle un homme ou un écu, puisque, à peine reconstituée et pacifiée, la France indubitablement recommencerait demain ! — Et ce ne sont pas les ennemis de la France qui parlent et qui raisonnent ainsi. Ce sont les esprits bienveillants, les cœurs compatissants et sympathiques. Ce sont, en un mot, les amis de la France, si, après les hontes et les malheurs qui l'accablent, la France pouvait, dans le monde, compter un seul ami.

Et cependant la France est une grande et généreuse nation ! — Elle est fière, intelligente, courageuse et religieuse ! — Dieu, dans sa miséricorde et dans sa préférence, l'a comblée de ses dons ! Il en a fait longtemps le premier peuple de l'univers ! Elle est encore la fille aînée de son Église !

D'où vient donc que, déchue de ses grandeurs passées, la France est aujourd'hui l'objet de l'indifférence ou de l'inimitié du monde? — Comment ce noble et grand pays, destitué des sympathies, dépouillé de l'admiration qu'il inspirait aux autres, ne rencontre-t-il plus de leur part que la répulsion et le dédain?

Il est là, sanglant et mutilé sous l'épée de la Prusse! — Il a vu ses armées, ses maréchaux, son souverain prisonniers! — Toutes ses forteresses ont capitulé! — Sa puissance, son prestige militaires se sont évanouis comme la fumée de ses canons impuissants à le défendre! — Et après tan de désastres, tant d'humiliations et de misères, le voilà, ce grand peuple qui se nomme la France, le voilà sur le point de devenir la victime et la proie d'une poignée de misérables, dont hier encore il ignorait les noms!

Eh bien! j'ose prétendre que cet abîme de contradictions, de perversions et de mi-

sères, n'est pas le fait de la nation française.
— J'ose prétendre que, derrière les apparentes contradictions de son histoire, sous le masque trompeur des défaillances et des lâchetés, dont on a depuis un siècle couvert son vrai visage, la France possède encore plus de sagesse et de vertu qu'il n'en faut pour reprendre le rang qui lui appartient dans le monde. — J'ose prétendre enfin que ce rang, elle le retrouvera demain, si rejetant résolûment la tunique révolutionnaire dont elle est affublée depuis bientôt cent ans, elle consent à redevenir la France des anciens jours, et non plus cette nation affolée, qui de 1789 à 1871 a été tour à tour l'épouvante et la risée du monde.

Tel est l'objet de ce rapide travail ; telles sont les convictions qui m'enhardissent à l'entreprendre. Ces convictions sont si anciennes et si profondes, que je n'éprouve qu'une crainte en commençant à les écrire : celle de ne pas savoir défendre, autant qu'elle en est digne, une cause qui est la

cause de la justice elle-même et de la vérité ! — Mais si j'étais assez malheureux
ou assez maladroit pour laisser mon lecteur incrédule à cet égard, je me conso-
lerai du moins dans l'espérance qu'il ne
refusera pas de souscrire à cette simple dé-
monstration qui résume toutes les autres,
à savoir : qu'une nation qui a supporté,
sans en mourir, le régime perversif auquel
pendant un siècle la France est demeurée
soumise, n'est pas une nation dont on
puisse raisonnablement contester la vitalité, les ressources et la valeur.

II

Ce régime perversif dont la France, depuis près d'un siècle, subit la fatale influence, c'est le régime immodéré de la centralisation. Cette centralisation est l'œuvre
de la révolution. C'est la révolution qui a
fait de la France le peuple turbulent et in-

conséquent que nous voyons depuis quatre-vingts ans s'agiter et s'épuiser dans les plus lamentables convulsions. La France n'est plus un corps sainement et rationnellement constitué ; c'est un corps sans proportion, sans pondération, sans équilibre. Sa vie tout entière est concentrée dans le cerveau et ce *cerveau démesuré*, que ses dimensions exorbitantes livrent à tous moments à la fièvre et au délire, s'est si bien infatué de ses usurpations et de lui-même, qu'il s'est mis en possession de régenter le corps, de lui imposer ses maladies et ses folies, de disposer arbitrairement de ses puissances ; de faire, en un mot, de ce corps maltraité et asservi, la victime silencieuse de ses périodiques convulsions.

La révolution, en effet, a supprimé la conscience et la liberté de la France, en supprimant l'organisation provinciale qui a été pendant des siècles le palladium de son repos, de son indépendance et de ses droits. Elle a détruit l'équilibre de ce corps

si vaillant et si sain qui s'appelait autrefois
la monarchie française. Elle a livré sans
contre-poids et sans contrôle, à la merci
d'une seule ville, l'honneur et la sécurité
de la nation.

Les provinces françaises ont été, jusqu'en 1793, les parties solidement unifiées,
mais moralement indépendantes, de la
puissante agglomération qui constituait la
France. Elles comptaient pour quelque
chose dans les aspirations de son patriotisme, dans la disposition de ses intérêts et
de ses droits. La révolution les a frappées
de servitude ! Le département n'est rien :
il est sans valeur, sans indépendance, sans
action, et sans vie propre. Ce n'est qu'une
découpure de convention, un tronçon mutilé de l'unité provinciale : il n'a ni l'impor-
tance nécessaire, ni l'autorité, suffisante
pour peser du moindre poids dans l'équilibre général. Il n'est plus que l'esclave asservi de cette tête exorbitante, de cette ville
interlope qui s'appelle Paris. La révolution

a fait de Paris l'arbitre de la France, pour en faire, à son tour, le foyer incandescent de ses propres convoitises, le docile instrument de ses audacieuses usurpations.

Un coup d'œil jeté sur les dernières années de notre histoire suffit à prouver la légitimité de cette assertion. Elle apparaît en ce moment plus sensible et plus frappante encore par les efforts désespérés de la Commune révolutionnaire pour avoir sous la main l'assemblée nationale à Paris.

Cette assertion cependant pourra paraître téméraire, car elle rencontre tout d'abord l'obstacle des institutions : elle se heurte à un préjugé puissant, accrédité depuis un siècle, et que semblent protéger les légitimes susceptibilités, les naturelles exigences de la grandeur française. C'est à l'unité, dit-on, que la France a dû ses gloires et sa puissance. C'est l'unité française réalisée par ses aspirations et ses besoins, sanctionnée par les siècles et par l'histoire, qui a fait de la France cette nation prépondérante, qui, pour me servir des paroles que le roi de Prusse Guillaume IV m'adressait il y a vingt ans, *« donne à toute l'Europe le tact et l'impulsion »*.

Mais ce n'est pas l'unité de la France que j'ai, Dieu m'en garde, la prétention de mettre en cause ; l'unité de la France est plus ancienne que la révolution !... Elle existait avant 93, et la grandeur de la France, son influence, sa prospérité, son action dans le monde, ont une origine plus pure que la Convention révolutionnaire, à laquelle il est de mode de les attribuer exclusivement. Je pense, tout au contraire, que la constitution révolutionnaire décrétée par la Convention a détruit l'essence elle-même de cette unité séculaire, en rompant les bases de son équilibre et les conditions de son fontionnement. La pondération et la mesure sont aussi indispensables à l'existence des constitutions et des États, qu'elles le sont à l'existence et à l'organisation de la nature humaine ! Dieu dont la paternelle préférence a doté les hommes du privilége exclusif de la raison, ne leur a pas donné une tête sans proportion avec leur taille ; et s'il est vrai que le développement du cerveau est le signe ordinaire d'une intelligence supérieure, il est encore plus vrai que ce développement, s'il est exagéré, est le principe à peu près infaillible de la folie.

Eh bien ! il y a dans l'histoire de nos dernières années des actes qui peuvent à bon droit passer pour des actes de folie. La France a donné tour à tour le spectacle des contradictions les plus exorbitantes, des défaillances les plus honteuses ; puis des retours les plus spontanés, des redressements les plus sensés, des résistances les plus courageuses. C'est ainsi qu'en 1848, par exemple, elle a renversé violemment un gouvernement qu'elle avait adopté ; qu'elle avait fidèlement et courageusement défendu, pendant dix-huit ans, contre l'émeute et la révolution. Elle n'avait contre la monarchie de Juillet aucun grief sérieux, aucun prétexte de récrimination ou de rancune : et cependant, sans préparation et sans raison, elle a chassé le roi Louis-Philippe, exilé sa dynastie, pour se précipiter dans les bas-fonds de la république sociale ! Mais, après quelques mois de défaillance et d'affaissement, cette même France, par l'énergie de son attitude et l'unanimité de ses résistances, a redressé tout à coup son honneur et sa fortune. Elle a renversé, au prix du plus pur de son sang, la dictature révolutionnaire qu'elle s'était laissé imposer honteusement ! En 1870, ce fut plus fort encore : c'est en trois quarts d'heure que l'Empire est tombé ! Pas une voix ne s'est fait entendre en sa faveur ; et cependant, quelques mois auparavant, sept millions et demi de suffrages avaient librement affirmé en sa faveur la confiance et les sympathies de la nation !

Je pourrais, à cet égard, multiplier les citations ; car l'histoire de nos dernières années n'a été, pour ainsi dire, qu'une série de contradictions qui ont épouvanté l'Europe et compromis la France. C'est a l'effet de décharger la France de cette injuste responsabilité ; c'est pour découvrir l'origine du mal dont elle souffre, et le remède qui la pourra guérir, que j'écris en ce moment.

III

Et d'abord, il est un fait incontestable dont l'évidence est devenue de nos jours plus frappante encore et plus sensible : c'est l'exclusive prépondérance, l'écrasante supériorité de Paris sur le reste de la France. Quel usage Paris a-t-il fait de cette exclusive prépondérance et de cette écrasante supériorité? Est-ce pour la moralité, pour le repos, pour l'honneur de la France, que cette prépondérance s'est exercée? Cette splendide capitale, que tout le monde admire et que l'argent de nos provinces a si généreusement illustrée, a-t-elle une seule fois justifié l'engouement qu'elle inspire et mérité les sacrifices que, pour elle, la France s'est toujours imposés ? — En dehors de la régularité de ses rues, de la splendeur de ses boutiques, de la variété de ses spectacles ou du comfort de ses hôtels, Paris pour les provinces est un lieu de perdition : nous en parlerons tout à l'heure, au point de vue de la moralité publique. Bornons-nous en ce moment à examiner, en quelques mots, l'usage que Paris a fait du privilége magnifique qu'il possède d'être à la fois la capitale politique de la France, et le siége de son gouvernement. C'est par la terreur que le règne de Paris commence. La révolution arrache la monarchie de Versailles où elle régnait paisiblement. Elle la conduit à Paris et elle l'immole !.. Louis XVI est guillotiné sur la place de la Révolution... cette même place que les Parisiens ont appelée depuis la place de la Concorde ! —

« La reine y est conduite elle-même, pro-
« menée à travers les rues, meurtrie d'in-
« sultes et de violences, sans qu'il se
« trouve un homme pour se faire écraser
« du moins sous les roues de la charrette,
« et protester que dans Paris il restait en-
« core un cœur français! »

Terrassée momentanément par le premier empire, la révolution a trouvé dans
son vainqueur lui-même l'organisation qui
l'a fait vivre et la gloire qui l'a légitimée.
Le grand empereur, qui a tiré la France
des horreurs de la révolution sauvage, a
fait entrer la révolution dans le sang de la
France, en la régularisant, en la codifiant,
en l'illustrant de ses immortelles victoires,
mais surtout en portant jusqu'aux excès le
régime révolutionnaire lui-même, qui n'est
autre que la centralisation!

Cette centralisation, il est vrai, a été
dans les mains de l'empereur l'auxiliaire
puissant, l'instrument docile de son ambitieux génie. Elle lui a permis de boule-

verser l'Europe ; de l'humilier et de l'é-
craser ; de la remplir de l'éclat éblouissant
d'une gloire sans égale ; mais de la remplir en même temps de haines, de ressenti-
ments et de rancunes. Puis, cet instrument
docile d'une si vaste ambition, se tournant
tout à coup contre Napoléon Ier lui-même,
est devenue la raison de sa déchéance, la
cause de son abdication, l'instrument de
nos humiliations et de nos revers. — On
peut dire que la centralisation a livré deux
fois à l'Europe victorieuse la fortune de
l'empereur et les destinées de la France !
C'est bien véritablement la France que
l'Europe réduisait à sa merci, alors qu'en
1814 et en 1815, elle prenait possession de
la grande capitale dans laquelle la constitution qui nous régit a personnifié la
France. — On prétend, et il est vrai, que si
Paris, en 1814, avait pu résister seulement
huit jours, il aurait sauvé la France des
étreintes de l'invasion... Il n'en est pas
moins vrai que, même en 1870, la centra-

lisation n'a pas sauvé la France ;. et que ce même Paris, qui a été en 1814 la cause déterminante du triomphe de l'invasion, n'a pu qu'en prolonger de nos jours les horreurs et les souffrances! Tels ont été, au point de vue militaire, les mensonges de notre exorbitante centralisation.

Étudions-la en quelques mots au point de vue de notre force civile, et voyons les résultats qu'elle a produits au point de vue social, politique et religieux.

1830 et 1848, quelles que puissent être les opinions de mon lecteur, ne sont pas assurément des dates dont l'histoire glorifiera le souvenir. Elles ont ébranlé profondément la grandeur et la considération de la France ; elles ont abaissé incontestablement encore le niveau moral et politique de ce noble et malheureux pays. — Je n'examinerai pas les causes de ces deux catastrophes, les passions qui les ont préparées, ni les fautes qui les ont fait prévaloir. Ce serait dépasser indiscrètement les bornes de ce rapide travail. — Je pose simplement la question de savoir si la révolution de juillet et la révolution de février ont été le fait de la volonté ou des intérêts de la France ; si la France, en un mot, les désirait ou les voulait. La réponse, à cet égard, ne peut être hésitante : il est permis d'affirmer que non-seulement la France, dans sa plus grande majorité, ne souhaitait ni la déchéance de la branche aînée, ni l'expulsion de la branche cadette, mais on peut assurer encore que Paris lui-même qui avait, en trois jours, accompli ces stupéfiants prodiges, ne les souhaitait pas davantage et ne les ambitionnait nullement. Ils ont été le produit imprévu de cette centralisation excessive et malfaisante qui a placé sur une seule tête, qui fait dépendre d'une seule ville les destinées et la fortune de trente-six millions de Français. — Et ce qui est plus excessif, plus déplorable encore, c'est que cette ville, au point de vue révolutionnaire, est à peine

une ville française. — La population qui
renverse les trônes et qui fait les révolutions, est pour les neuf dixièmes au moins
étrangère à Paris, sinon même à la France.
Cette population est un ramassis interlope
de tous les vagabonds du monde, de gens
déclassés et tarés qui viennent cacher dans
les bas-fonds de cette ville immense leurs
antécédents et leurs méfaits ; qui sans feu,
sans famille, le plus souvent sans pain, y
deviennent les soldats des sociétés secrètes
et les mercenaires de la révolution. — Et
ce sont là cependant les gens qui imposent
à Paris, et par Paris à la France, les coups
de main révolutionnaires, qui la démoralisent et qui la ruinent. — Si les faits, depuis quarante ans, ne parlaient le plus
haut à cet égard, ce qui se passe en ce moment sous nos yeux suffirait, je le sup-
pose, à nous convaincre. Dans ce moment
même, à l'heure où nous traçons ces lignes
dans la tristesse et dans l'angoisse, n'en
voyons-nous pas la confirmation dans la

composition de la Commune momentanément victorieuse à Paris ? C'est un Polonais
qui en est le gouverneur. Il y a des Amé-
ricains, des Belges, des Italiens ; il y a
même des Allemands dans ce comité révolutionnaire, qui a recours à la terreur, qui
verse à flots le sang français, pour maintenir en faveur de Paris le privilége de
violenter la France et de s'imposer lui-
même aux répulsions hélas ! impuissantes,
aux résistances désorganisées de nos départements.

IV

Un écrivain libre penseur, M. Guéroult
lui-même, résumait il y a quelques jours
la situation de Paris : « C'est le désordre,
écrivait-il, c'est le gâchis ; c'est l'abandon
de soi-même, c'est la décomposition d'une
société sans convictions, sans boussole,
sans principes et sans foi !... »

Et cependant, cette société qui se décompose et s'abandonne, cette société, dans son immense majorité, renferme des individualités honnêtes, convaincues, consciencieuses, qui vivent régulièrement, qui aiment l'ordre et la paix, qui fréquentent les églises et ne méritent pas assurément le reproche de vivre sans principes et sans foi. Paris en est rempli, sans parler de la France qui n'est pas sous ce rapport inférieure à Paris.

On ne peut imaginer, en effet, quand on ne s'y est pas dévoué soi-même, le bien qui se fait à Paris. Il faut avoir suivi les mille voies de la bienfaisance, étudié les merveilleuses industries, les ressources multiples de la charité privée, pour savoir ce que cette ville renferme de piété, de ferveur, de dévouement chrétiens. On peut dire qu'il n'y a pas un lieu dans le monde où la charité se pratique sur une plus vaste échelle, avec plus d'intelligence et plus de dévouement. Pas une misère et pas un

vice, pas un besoin, pas une souillure qui
ne puisse rencontrer immédiatement une
voix qui les console, une main qui les se-
coure, un cœur qui les encourage et les
relève. Ce ne sont pas seulement les
prêtres dont le zèle se multiplie sous ce
rapport; ce ne sont pas seulement les religieuses, ces anges bénis de la charité; ce
sont des hommes de tous états et de toutes
classes; ce sont des femmes du plus grand
monde qui vont porter aux pauvres, aux
infirmes, aux déshérités de la terre les
encouragements de leur présence, les secours de leur argent et de leur temps. Ces
secours, ces encouragements s'adressent à
tous les âges; il y en a pour la vieillesse et
pour l'enfance; il y en a surtout pour cet
âge insoucieux de la jeunesse que menacent dans cette ville immense de si redoutables tentations. C'est par milliers que
se comptent dans nos paroisses les jeunes
ouvrières et les jeunes apprentis que proté-
gent les paternelles sollicitudes et les soins

éclairés du patronage. Les catéchismes de première communion et les catéchismes de persévérance ; les sociétés de Saint-Vincent de Paul, de Saint-François Xavier, de Saint-François Régis, de la Sainte-Famille, de la Doctrine chrétienne, etc., etc., multipliées partout, ne sont jamais, Dieu merci, restées improductives !... Chaque jour voit augmenter, pour ainsi dire, le nombre des âmes qui reviennent à Dieu ; et dans les rangs de cette société *qui s'abandonne et qui se décompose*, une génération nouvelle, élevée dans nos écoles chrétiennes, vient grossir chaque année le nombre des âmes religieuses et diminuer celui des âmes qui vivent sans principes, sans boussole et sans foi.

Comment se peut-il faire, depuis cinquante ans que cela dure, que nous voyions en ce moment se dresser devant nous le spectre menaçant de l'impiété sauvage qui fusille les généraux, emprisonne les religieux, dévaste les couvents, profane les églises? Comment cette société parisienne, où les éléments honnêtes sont en majorité, peut-elle donner au monde et supporter elle-même le spectacle épouvantable qui la remplit d'horreur et de dégoût?

C'est que les choses sont plus fortes que les hommes. C'est que les individualités, si bonnes qu'elles puissent être, ne prévalent jamais contre les choses et les institutions!

L'anarchie, qui ravage en ce moment Paris, n'est pas le fait des hommes; elle est le fait des choses. Elle est la conséquence fatale des institutions qui le régissent, des influences qui le dominent, des conditions d'existence qui lui sont faites!... Elle est le produit malsain de la désorganisation sociale et politique à laquelle ces institutions, ces conditions, ces influences ont condamné Paris.

Le courant est si rapide à cet égard, que les gouvernements qui depuis soixante ans se sont succédé en France ont été comme entraînés à exagérer les exagérations, à rendre plus excessifs encore les excès de la centralisation. Ils ont aggravé, d'une part, la redoutable supériorité de Paris sur le reste de la France, en le dotant d'embellissements nouveaux. Ils ont affaibli, de l'autre, sa valeur morale et sa conscience, en rendant chaque année plus nombreux et plus forts ces éléments impurs qui le pervertissent et le dominent. Paris, en effet, qui prétend régenter la Frauce, et qui la régente en vérité, Paris n'a ni la conscience, ni le jugement, ni la disposition de lui-même; c'est un corps qui n'a pas d'âme, parce qu'il n'a ni cohésion, ni réflexion, ni contrôle, ni solidarité; vice, vertu, pauvreté, richesse, tout s'y coudoie, tout s'y concentre, tout s'y meut tout s'y heurte, sans se mêler et sans se connaître; on y vit des années entières sans même savoir le nom de ses voisins. Bien loin de s'aider de leurs suffrages, de s'encourager de leurs exemples, de compter sur

leur concours, on redoute, dans les moments de crise, d'entrer en communication
avec eux, parce que, ignorant leurs opinions, leurs antécédents, leur moralité
même, on craint de rencontrer en eux des
dénonciateurs ou des ennemis. Ce qu'on
appelle Paris, ce qui prévaut à Paris, ce
n'est jamais Paris lui-même; on pourrait
presque dire que Paris n'existe pas et qu'il
n'y a pas de Paris. C'est une agglomération impersonnelle de vices, de vertus,
de passions et d'intérêts contradictoires.
C'est une sorte d'*arlequin social*, où l'on
trouve de tout, mais où l'on ne rencontre
pas la communauté des intérêts, le travail
incessant et mâle, l'effort vigoureux et solidaire qu'on nomme la volonté. La population parisienne s'en affranchit et s'en
dispense, parce que, submergée pour ainsi
dire par le nombre et la diversité des éléments qui la composent, elle a perdu la
prévoyance de ses intérêts, la responsabilité de ses actes, et, pour tout dire, la

physionomie morale qui est pour les nations, les individus et les familles, le trait particulier qui les distingue, le signe représentatif de leur individualité.

V

Voilà la ville dont les excès de notre centralisation ont fait, non pas seulement la capitale, mais l'arbitre souverain et capricieux de toute la France. C'est sur ce Paris, insouciant de lui-même, qui n'a ni la volonté ni la disposition de lui-même, que la révolution depuis un siècle renouvelle périodiquement la fureur de ses opérations. La France lui a dû successivement les violences de la révolution extrême et les impuissances de la révolution modérée. Elle est sur le point, et pour la seconde fois, de subir la férocité de la révolution sauvage. Si l'assemblée nationale avait, au 18 mars, siégé dans la ville de Paris, c'en était fait de la France… La France, ou plutôt les tronçons mutilés qui la divisent, auraient accepté la dictature de MM. Assi, Dombrowski et Cluseret, aussi facilement et aussi humblement qu'elle avait elle-même accepté et sanctionné la révolution de février et le coup de main du 4 septembre.

Quelles sont donc les causes de l'attitude asservie, ou tout au moins passive, que les départements conservent invinciblement dans les révolutions que Paris leur impose? — Ces causes, personne, je l'espère, ne voudra me contredire, ces causes résident exclusivement dans les choses et les institutions. — L'effacement, et pour lui donner son véritable nom, l'asservissement de nos provinces, est le fait exclusif de la centralisation. La révolution, je le répète, en supprimant constitutionnellement l'unité morale de nos provinces, les a livrées sans contre-poids à l'omnipotence de Paris. — Et si du moins, depuis un siècle que cela dure, Paris avait fait de son

omnipotence un raisonnable usage, on pourrait comprendre à la rigueur l'extraordinaire abnégation de nos départements !...
Mais Paris, sous ce rapport, a dépassé depuis longtemps la mesure et la pudeur. Il
met à chaque instant la France à deux doigts
de sa ruine ; et sans la réaction, sans le
bon sens de nos provinces, la France à dix
reprises y aurait succombé... Il y a plus
encore : devant cette centralisation révolutionnaire et dissolvante, la sagesse, l'abnégation de nos provinces, créent pour
elles et pour la France de nouveaux et plus
redoutables dangers. — Il suffit qu'une
émeute populaire réussisse un instant à
Paris pour que les départements, impuissants à la prévenir et empêchés de s'en défendre, l'acceptent forcément au nom de la
légalité. — L'histoire n'a rien enregistré,
sous ce rapport, de plus extravagant et de
plus effronté que le coup de main du
4 septembre : des hommes sans mandat et
sans aveu, des gens que la France entière

réprouvait et repoussait, ces hommes en trois quarts d'heure n'ont pas renversé seulement l'empire; ils ont confisqué à leur profit les lois et la constitution! Ils ont usurpé la dictature politique, administrative, judiciaire et militaire... et pas un département ne s'est levé pour condamner ou contredire leur audacieuse usurpation! Cette usurpation est devenue pour eux un fait indiscutable. L'armée, ou du moins les généraux et les soldats qui combattaient encore, l'ont acceptée sans résistance. — Tous les préfets ont déménagé sans retard, et la magistrature elle-même, le dernier refuge de la légalité, le représentant autorisé et patenté du droit et de la conscience des peuples, la magistrature elle-même a reconnu sans remontrance, pour le gouvernement légal de la France, celui qu'en trois quarts d'heure Paris venait de fabriquer!... Telle est la désorganisation morale que la centralisation révolutionnaire a jetée dans les meilleurs esprits, que

la cour impériale de Nancy, dont la conduite, pendant l'occupation prussienne, a
été si courageuse et si noble, a repoussé
comme une injure la proposition de siéger
au nom de l'empereur, parce que Paris
avait proclamé la république et qu'un gouvernement provisoire, installé à l'hôtel de
ville de Paris (1), était, disait-elle, la seule
autorité qu'elle pût *légalement reconnaître
et légitimement représenter*. Telle est la
jurisprudence révolutionnaire que la centralisation fait prévaloir en France!... Elle
prime et domine tout. — Le droit, la
possession, le bon sens, la justice s'effacent
et disparaissent devant le fait violemment,
brusquement, traîtreusement accompli! —
Paris est le grand-prêtre de cette religion
abominable; son caprice en est le dogme
unique, et ce qui est peut-être plus lamentable encore, c'est qu'il est en France
universellement accepté. Ce ne sont pas

(1) *L'Invasion de la Lorraine,* par M. A. Mé-
zières.

seulement les lois, les constitutions, les
gouvernements qu'il renverse, ce sont les
mœurs, les principes et les consciences
que Paris pervertit de ses propres perversions, qu'il abaisse de ses propres abaissements.

VI

Quand je parle des perversions de Paris,
je n'entends pas parler de la grande majorité de la population parisienne. Celle-ci,
comme la France elle-même, subit les dé-
fections, les caprices et les violences qui
s'accomplissent dans son sein et sous son
nom. La vraie population de Paris est
une population sage, tranquille et labo-
rieuse; il n'y a pas, je le répète, il n'y a pas
une ville dans le monde qui, à côté des
vices et des corruptions auxquels une
grande ville est impuissante à se soustraire,
renferme, je crois, plus de vertus. Mais

ces vertus sont des vertus isolées et des
vertus modestes; elles agissent en silence.
C'est le vice qui se montre à découvert,
qui s'étale et qui s'impose par le fracas de
ses allures et les impudeurs de son audace.
— Paris, si je puis me permettre cette
comparaison vulgaire, Paris ressemble
à une vaste marmite, au fond de laquelle
se trouvent les bons morceaux. Mais l'é-
cume bout à la surface; et ce sont les
bouillonnements de cette écume qui ca-
chent et paralysent la saveur de ces morceaux. Ce qui frappe tout d'abord les
yeux à Paris, c'est l'agitation de ses rues;
c'est la magnificence de ses boutiques; c'est
le luxe provoquant de ses toilettes; c'est le
dévergondage de ses spectacles; c'est l'im-
pudeur de ses journaux. — Toutes les
grandes villes, sans doute, renferment dans
leur sein des éléments impurs : Vienne,
Berlin, Londres , Bruxelles, n'ont rien,
sous ce rapport, à envier à Paris. Mais
Paris a sur les plus grandes villes du

monde un avantage aussi pernicieux qu'incontestable, celui de propager le vice en le
rendant plus élégant et plus commode; de
le vulgariser, pour ainsi dire, en le mettant
à la portée de tout le monde. — Paris est
une ville exceptionnelle; exceptionnelle
par le chiffre de la population; exceptionnelle par l'étendue de son territoire; exceptionnelle par le caractère européen de
ses intérêts et de ses passions. — Il est le
foyer d'une activité prodigieuse, qui em-
brasse tout. Il a pour l'industrie, pour les
sciences, pour les arts, pour la littérature,
pour tout ce qui intéresse la gloire, la réputation, la fortune et l'ambition des
hommes, des encouragements éclatants
et rémunérateurs, qui exercent dans le
monde, et particulièrement en France, une
puissance irrésistible d'attraction. — C'est
à Paris que se font les réputations et les
succès. Et le monde a si bien accepté la
prépondérance de Paris à cet égard, qu'une
réputation n'est ordinairement établie dans

le monde, qu'après qu'elle a subi l'épreuve et mérité la consécration de Paris. — C'est un fait que je signale, et ce n'est pas pour le glorifier, tout au contraire. — Il y a dans l'engouement de nos provinces pour les applaudissements et les jugements de Paris une défaillance fâcheuse de leur dignité et de leurs droits.

Toujours est-il que cette incontestable prépondérance atteint les proportions d'un malheur et d'un danger public. — Ce besoin de chercher à Paris l'illustration ou la fortune qu'on ne sait pas trouver chez soi, épuise les départements : il leur enlève des forces intelligentes et vives, dont ils profiteraient incontestablement, s'ils savaient, à leur tour, les conserver chez eux. — Mais il a des effets plus regrettables encore ; il jette sur le pavé de Paris une multitude de gens dont les neuf dixièmes, pour compter au plus bas, n'y rencontrent le plus souvent que la perversion et la misère !

Et quel est le principe de cette émigration redoutable et funeste ?.. D'où vient que tant d'hommes, écrivains, industriels, ouvriers, artisans, impatients de la médiocrité départementale, abandonnent leur pays, leurs relations, leurs familles, pour se précipiter, comme des moucherons que la lumière attire, dans le gouffre incandescent de ce foyer malsain qui s'appelle Paris. C'est que la centralisation exagérée qui a fait de Paris l'arbitre de la France, a destitué les provinces françaises de leur légitime influence et de leur ancienne vitalité. La Lorraine, le Poitou, la Bretagne et la Bourgogne, jadis si florissantes et si brillantes, ne sont plus que des corps mutilés dont les membres déchiquetés en morceaux ont perdu l'homogénéité et la vie. Que sont devenues ces villes, Dijon, Nancy, Toulouse dont la renommée, dont la valeur intellectuelles étaient autrefois si grandes... dont l'influence et dont l'éclat, se répandant au loin, attiraient dans leur sein pour les encourager et pour les satisfaire, les ambitions qui les dédaignent, les talents qui les abandonnent aujourd'hui ?

En détruisant l'autonomie de nos provinces, la centralisation révolutionnaire ne les a pas seulement placées sous le joug capricieux de Paris, elle les condamne encore à assister inactives et impuissantes à cette émigration funeste qui les appauvrit et les épuise, et qui grossit tous les jours le chiffre de cette population cosmopolite et violente qui, à Paris, renverse les trônes et qui fait les révolutions.

VII

Ce n'est pas tout encore : à toutes les corruptions, aux éléments impurs, aux ferments nombreux et redoutables que la centralisation immodérée de la France amène nécessairement et fatalement à Paris, se joint pour la population parisienne, pour

celle qui aime la paix et qui travaille, un
élément plus pernicieux, un ferment plus
redoutable encore : c'est l'action dissolvante de sa propre grandeur, c'est la scep-
tique indifférence qui résulte fatalement de
son immensité... Paris est un enfant gâté,
dont les gouvernements ont flatté tour à
tour les passions, les frivolités et les vices,
parce que les gouvernements plus encore
que les provinces dépendent du bon plaisir
et des passions de Paris. Que n'ont-ils pas
fait depuis un siècle pour obtenir les
faveurs de ce maître impitoyable ? Le
premier Empire, la Restauration, la République elle-même, se sont ingéniés en
quelque sorte à en faire la merveille de
l'univers, le centre des affaires et dés plaisirs, le foyer de toutes les corruptions. Il
appartenait au second Empire de dépasser,
sous ce rapport, les précédents et la mesure. Il n'y a pas un grand seigneur en
Angleterre, si riche et si puissant qu'il soit,
qui ait des jardins si bien tenus, des squares

si fleuris et si beaux, des allées sablées
avec plus de soin, arrosées avec plus de sollicitude et plus de prévoyance. Et cependant, en dépit de sa sollicitude et de ses
soins, comment Paris a-t-il traité l'Empire?
Il l'a renversé en trois quarts d'heure. Cette
population interlope et flottante qu'il y
avait attirée lui-même par les grands tra-
vaux et les embellissemens exagérés de
Paris, a été le bras de la révolution qui a
envahi le 4 septembre le corps législatif et
détrôné l'empereur!

Paris, le vrai Paris, sans doute, ne souhaitait pas plus que le reste de la France
cette audacieuse usurpation. Et cependant,
au lendemain même de ce coup de main
qui précipitait de son trône le prince le plus
préoccupé des splendeurs de Paris et le plus
jaloux de son bien-être, Paris, ingrat et
insoucieux, remplissait de ses ébats, de sa
gaieté, de son indifférence, ces magnifiques
promenades qu'il devait aux préférences, et

peut-être aussi, il faut le dire, aux calculs intéressés de l'empereur.

Comment expliquer un fait aussi étrange ? Et comment expliquer surtout l'incessante opposition, l'inimitié haineuse dont les élections de Paris ont toujours témoigné contre le second Empire ? On ne peut raisonnablement prétendre que l'Empire ne comptait pas à Paris des adhérents nombreux. D'où vient que ce Paris que l'empereur avait fait si riche et si prospère, a pu se montrer si insoucieux de sa conservation, si indifférent et si ingrat après sa chute ?

C'est là précisément le fait des influences dissolvantes qui résultent pour Paris lui-même des excès de la centralisation. Le bien-être et la grandeur ont rendu Paris égoïste et frivole. Il est devenu ce qu'était le peuple romain aux mauvais jours de ses corruptions et de ses grandeurs ; Paris a vu s'accomplir chez lui tant de révolutions, il a vu par le fait de son omnipotence se briser et se relever tant de trônes et de couronnes, qu'il ne s'en émeut plus ! La révolution est un spectacle qui l'intéresse et qui l'amuse ; il se plaît, pour ainsi dire, à jouer avec le feu. Ce feu s'allume ; l'incendie s'avance ; l'émeute se montre dans la rue ; Paris, le Paris qui travaille, qui possède et qui épargne, Paris la regarde passer. Elle est pour lui un spectacle qui touche son tempérament impressionnable, qui charme la mobilité de ses instincts blasés. Bien loin de s'indigner, bien loin de s'effrayer, les sympathies, quand il daigne en avoir, ne sont pas ordinairement pour ceux qui le défendent. Il les siffle quand ils succombent, et s'ils sont les plus forts, il les accuse d'être violents.

Qui ne se souvient des milliers de badauds qui assistaient indifférents et sceptiques aux audacieuses provocations qui ont, il y a un an, menacé pendant huit jours le repos de Paris et la sécurité de la France ? Il a fallu la sauvage brutalité de ces provocations audacieuses pour faire sortir de leur indifférence, non pas la foule qui les regardait et qui s'en amusait, mais les boutiquiers dont on cassait les devantures, et les propriétaires dont les carreaux étaient brisés. Il semblait que de si inquiétants symptômes allaient réveiller les Parisiens de leur indifférence et leur donner la volonté de se défendre contre les bandits qui affichaient dans les rues et sous leur nez leur présence et leurs projets. Les Parisiens ont bien autre chose à faire. C'est le bien-être de leur vie ; c'est la préoccupation de leurs plaisirs ; ce sont les intérêts particuliers de leur commerce, la routine de leurs habitudes, de leurs occupations, de leur bien-être, qui les touchent et les absorbent ; aussi, quand les élections arrivent, quand il s'agit de nommer et de choisir les hommes qui seront les mandataires de leur volonté, les défenseurs de leurs intérêts, et en fin de compte les arbitres de leurs destinées, de leur fortune et de leur vie, il suffit qu'il pleuve, que le temps soit trop chaud, qu'ils aient une course à faire, pour les empêcher d'aller voter.

Voilà comment Paris laisse passer aux élections les listes les plus révolutionnaires ! Voilà comment ce Paris, si intelligent, si riche et si heureux, se laisse lui-même surprendre tous les quinze ans par les plus terribles commotions ! Dès qu'un pouvoir protecteur a cessé de se défendre, il se décourage et s'abandonne : il devient la proie de la terreur, ce fléau des sociétés frivoles, désorganisées et sceptiques. Il laisse sous ses yeux égorger les hommes qui la veille le protégeaient encore. La foule en prend sa part, ou en prend son parti !.. Contredire ne serait pas prudent ; chacun se replie sur lui-même dans les défaillances de l'isolement, dans les servitudes d'un sentiment qui n'est que de l'égoïsme, puisqu'il n'a d'autre objet que la préoccupation de sa propre personne et

l'anxiété pour ses propres intérêts. C'est
bien le désordre, le gâchis, l'abandon de
soi-même, que dénonçait, nous l'avons dit,
l'écrivain libre penseur. Mais ce n'est pas
la décomposition d'une société sans foi,
sans convictions et sans principes ; car Paris
n'est pas la France, et si la France en subit
fatalement la servitude, la France, Dieu soit
loué, ne lui ressemble pas. Une nation qui
donne à Dieu et à l'Église des religieux si
fervents et si nombreux, un clergé si pur et
si zélé, qui a des armées si braves et si
vaillantes, des magistrats si honorables et
si intègres, n'est pas une société sans foi,
sans convictions et sans principes. Aussi
Dieu qui protége la France, ne lui envoie-t-
il sans doute tant d'expiations et tant d'é-
preuves que pour la délivrer des liens qui
l'asservissent, pour l'affranchir une bonne
fois des servitudes et des étreintes de la révolution.

VIII

Il est plus que temps d'en finir ! Il y a trop longtemps que la France s'agite, se pervertit et s'affaisse dans les convulsions périodiques de la révolution. Depuis le jour où la Convention, détruisant l'unité morale de nos provinces, a revêtu la France de cette tunique de Nessus, qui n'est autre que la constitution révolutionnaire qui la régit depuis quatre-vingts ans, la France a changé onze fois de gouvernement. Pas un gouvernement n'a su se consolider ou se maintenir en France. Pas un souverain n'a pu transmettre à l'héritier de sa fortune l'héritage qui s'est toujours brisé entre ses mains. Louis XVI est mort sur l'échafaud ; Napoléon Ier à Saint-Hélène ; Charles X et Louis-Philippe dans les tristesses et les abandonnements de l'exil. Le second empereur n'a pas été plus heureux. C'est une émeute victorieuse qui l'a précipité de son trône ; et si la guerre y a été pour quelque chose, c'est la révolution cependant qui a été l'instrument de sa déchéance et la vraie cause de son renversement. La guerre de 1870 n'a été qu'un accident affreux. Elle est venue compliquer de ses désastres une situation que la révolution menaçait depuis longtemps. Qui oserait affirmer que les flots de la révolution menaçante n'ont pas déterminé cette guerre imprévoyante, en déterminant l'empereur à rechercher, dans les éventualités d'une campagne victorieuse, son prestige et sa puissance menacés par la révolution ?

Quoi qu'il en puisse être à cet égard, il est une vérité qui se dégage évidente, incontestable, de l'histoire de nos dernières années, à savoir : que la révolution constituée et centralisée, régulièrement et légalement organisée depuis un siècle en France, a été pour la France une cause incessante, une source intarissable de per

versions morales sociales et politiques.
« Les institutions révolutionnaires qui, depuis 1789, n'ont cessé, sous des formes diverses, de prévaloir et de régner en France, écrivait il y a un mois Mgr l'évêque d'Angers, ont abouti à un effondrement universel : plus de gouvernement, plus de finances, plus d'armée, plus d'union! Sous ce rapport, la leçon est complète. » Prions Dieu qu'elle soit enfin comprise, et que la France, éclairée par d'aussi grands désastres, reconnaisse que la première, la plus indispensable condition de sa grandeur, c'est la stabilité de son gouvernement : or, cette stabilité est impossible avec la centralisation révolutionnaire qui, en faisant de Paris l'arbitre omnipotent des destinées de la France, a fait en même temps de cette capitale toute puissante dans l'ordre politique et révolutionnaire, une véritable maison de jeux. Ce ne sont plus les intérêts ni l'honneur qui prévalent à cet égard ; c'est le caprice, c'est le hasard, c'est la

fraude, c'est la violence, qui font et qui défont tous nos gouvernements. Après de si nombreuses et de si lamentables expériences, quel fond, je le demande, est-il permis de faire sur la constance et la fidélité de Paris ? Est-il vraiment possible de livrer le sort de nos assemblées législatives ou constituantes aux caprices turbulents de cette grande capitale, que la révolution a réduite à cet excès d'indigence morale, qu'implorant depuis un mois la délivrance et le salut, elle est impuissante à se les donner à elle-même.

Il n'est que temps de remonter aux origines du mal, d'en atteindre le principe, d'en arracher la racine, en mettant résolûment la main sur les institutions et sur les choses dans lesquelles l'excessive centralisation de la France a pour ainsi dire incarné la révolution. La décentralisation de la France, en effet, n'est plus une utopie ; c'est une nécessité d'ordre, de conservation et de salut ! Elle a surgi impérieuse et décisive des dernières défaillances et des derniers malheurs de la ville de Paris.

Cette grande question dont dépend, selon nous, le salut de la France, nous n'avons pas le courage de l'aborder en ce moment ici ; nous le ferons plus tard sans doute. Ce n'est pas au moment où Paris est inondé de sang ; où la guerre civile, succédant à la guerre étrangère, nous remplit à la fois de honte et de douleur, qu'il nous serait possible de la traiter et de la discuter librement. Nous la posons simplement aujourd'hui, espérant que la France, si Dieu lui permet un jour de reprendre la libre disposition de ses esprits, de ses destinées, de sa fortune et d'elle-même, avisera enfin à se soustraire au joug de cette centralisation exorbitante qui livre à tout instant son honneur et sa vie à la merci de la ville de Paris. Nous ne prétendons certes pas méconnaître le rôle considérable et nécessaire qui appartient à Paris dans le grand fonctionnement de l'unité française ; mais ce que nous osons prétendre, ce que nous n'hésitons pas à affirmer, c'est que la garde municipale, les sergents de ville ou les gardiens de la paix, si bien armés qu'ils puissent être, ne suffisent pas à protéger la sécurité de la France et la stabilité de son gouvernement. Ce que nous osons encore prétendre en terminant, c'est que l'autonomie de nos provinces relevées de la mutilation, affranchies de l'asservissement qui les frappe depuis quatre-vingts ans, est le contre-poids indispensable et la seule force morale capable de préserver le gouvernement et les représentants de la France, s'ils doivent véritablement résider à Paris, contre les surprises révolutionnaires de Belleville et l'incursion des bandes de la Villette ou de Ménilmontant.

I

Nous avions à peine terminé le précédent travail, lorsque les élections du 30 avril sont venues confirmer l'espérance, ou plutôt la conviction sous l'empire de laquelle nous avons osé l'entreprendre. Cette conviction est : que les catastrophes révolutionnaires que la France subit depuis quatre-vingts ans ne sont pas le fait de la nation française, et que ce n'est ni dans le cœur ni dans la volonté de la France qu'il faut chercher le principe des convulsions périodiques qui ont, depuis quarante années surtout, profondément ébranlé le moral et le tempérament de ce noble et malheureux pays.

Nous le répétons aujourd'hui avec une conviction plus grande et plus profonde encore : la révolution de Juillet et la révolution de .Février, le coup de main du 4 septembre, l'attentat du 18 mars, n'ont été que des surprises traîtreusement et violemment imposées. — Et ce qui le prouve évidemment, c'est que la France, dès qu'elle a pu se faire entendre, a réagi contre elles de toute l'énergie de sa conscience et de toutes les puissances de sa volonté. — C'est la raison, c'est la modération de la France qui ont enrayé les redoutables conséquences de la révolution de Juillet. Ce sont les votes de la France qui ont brisé pour un instant les convoitises sociales de la révolution de Février. C'est la volonté de la France qui a mis fin aux criminelles usurpations des hommes du 4 septembre. C'est encore le bon sens de la France qui condamne et répousse en ce moment les sauvages violences du parti communiste ; qui vient venger de ses patriotiques redressements les malheureuses défaillances de la ville de Paris.

Les élections du 30 avril, en effet, envisagées dans leur ensemble, sont la réprobation des attentats dont depuis six semaines Paris est le théâtre. Elles nous autorisent à répéter qu'une constitution géographique et politique qui met les destinées d'un pays, comme la France, à la merci d'une ville comme Paris; qui permet à une volée d'oiseaux de proie, à des bohémiens révolutionnaires accourus de tous les points du monde, de s'abattre sur Paris et d'y violenter la France, est une constitution funeste et malfaisante, et que la France, coûte que coûte, doit la réformer et la briser.

Hélas! ce ne sont pas les réformes qui nous ont manqué sous ce rapport; nous avons, depuis 1793, réformé dix-sept fois notre constitution; et cependant nous n'avons pas été plus heureux ni plus sages; le souffle révolutionnaire, qui n'a cessé d'enfler nos voiles, est devenu, en dépit de nos réformes, l'effroyable tempête qui nous menace en ce moment. — La France aura beau changer ses constitutions et ses souverains; elle aura beau remplacer la monarchie par l'empire, et l'empire par la république, le flot qui l'a précipitée au plus bas de l'abîme, le flot révolutionnaire ne la relèvera pas. — Si habile, en effet, que puisse être la main qui gouverne un navire; si dévoué que soit le pilote, si vaillant que puisse être l'équipage, ils ne sauraient suffire à le sauver : car leur dévouement, leur habileté, leur courage, seront toujours impuissants à calmer les vents qui le précipitent sur les écueils où il doit nécessairement sombrer.

Aussi, quand je me permets de dire que la réforme de la constitution qui la régit depuis quatre-vingts ans est une nécessité de salut pour la France, ce n'est ni la forme de son gouvernement, ni la personne de son souverain, que j'entends lui conseiller et lui prescrire. La France, sans aucun doute, en décidera plus tard ; mais, quelles que puissent être ses préférences à cet égard, la question républicaine ou monarchique me semble, en ce moment, pour elle une question à la fois redoutable et secondaire : la France a changé si souvent ses dynasties et ses souverains ; les souvenirs, les traditions, et ce qui est plus grave encore, les principes ont été si longtemps déplacés et si souvent violés sous ce rapport, qu'il s'est formé dans les esprits en France des divergences profondes de sentiments et d'opinions. — Ces divergences deviendraient aisément des conflits, si, détournant ses préoccupations et ses regards de l'abîme sans fond entr'ouvert à ses pieds, la France ne sacrifiait ses impatiences monarchiques à l'œuvre de salut qui réclame tout d'abord l'urgence de son intervention.

Et en effet, dans la situation pour ainsi dire désespérée où ses récents désastres ont précipité la France, le premier de nos devoirs est d'oublier nos dissentiments, nos préjugés et nos rancunes : nous devons tous, sous peine de mourir, les écarter, et surtout les sacrifier, pour défendre la société tout entière profondément atteinte et gravement menacée. — Ce n'est pas trop pour une telle tâche de l'union de toutes les puissances de la volonté, de toutes les ressources du génie de la France. L'édifice craque de toutes parts. Ce ne sont plus seulement des réparations qu'il lui faut; ce sont les fondements eux-mêmes qu'il faut reprendre, avant de songer au couronnement. Voilà l'œuvre qui s'impose invinciblement aux plus immédiates méditations de la France. — Et ce n'est pas un homme, ce n'est pas même une dynastie qui pourrait l'accomplir : elle doit être l'œuvre collective de la nation entière se rétractant et s'humiliant devant Dieu, qui seul commande aux vents et aux tempêtes, et dont la miséricordieuse Providence rend aujourd'hui possibles, bien plus, fait en quelque

sorte nécessaires, les choses qu'il y a six
mois à peine personne en France n'aurait
osé rêver.

« N'en déplaise aux superbes esprits qui
« se révoltent pour peu qu'on mêle à la
« conduite de ce monde le nom de celui
« qui l'a fait, je me permets de croire, écri-
« vait il y a quelques mois M. Vitet, que le
« mystère sanglant de nos épreuves, c'est
« Dieu lui-même qui le propose à nos mé-
« ditations. — Dans l'impitoyable série de
« catastrophes qui se prolonge sur nous
« depuis six mois, je reconnais un châti-
« ment. — Aussi, pour moi, la question su-
« prême est de savoir si la justice de Dieu
« se tient pour satisfaite; si nos défaillances,
« nos corruptions et notre orgueil ont reçu
« toute leur punition : si la main du souve-
« rain Juge est lasse de frapper. — Eh bien!
« j'ose le dire, des signes manifestes auto-
« risent à penser qu'un nouveau souffle
« enfle nos voiles, et que le flot qui nous
« avait jetés au plus bas de l'abîme, com-

« mence à nous soutenir et à nous relever. »

Ces paroles, j'en ai l'espoir, seront des paroles prophétiques. — Dieu sans doute à rudement et sévèrement châtié la France. Il a puni de châtiments terribles ses infidélités, ses forfanteries, ses abandons et ses imprévoyances. Il a permis que ses gloires passées fussent ternies momentanément par des humiliations sans exemple. Il l'a jetée comme Job sur un fumier sanglant. Mais ce n'est pas pour qu'elle y meurre; lorsque Dieu soumet une nation à de pareilles épreuves, et se sert pour la châtier de si vils instruments, c'est qu'il a encore de grands desseins sur elle. Dieu ne laissera pas misérablement mourir cette grande nation française qui a été depuis Tolbiac, l'instrument de si grandes choses. L'influence de la France dans le monde est nécessaire : c'est la raison de son existence, ce sera la raison de sa régénération. Mais il faut que la France se rétracte avec courage; il faut qu'elle reprenne ses anciennes traditions, et que, jetant au rébut tous ses oripeaux révolutionnaires, elle revienne aux principes chrétiens qui ont fait si long-temps son honneur et sa force. — Là est le souffle nouveau qui doit enfler ses voiles. Là est le flot réparateur qui, de l'abîme où il l'avait jetée, doit relever la France de ses abaissements, la dédommager de ses épreuves, et la replacer au rang d'où la révolution l'a fait outrageusement descendre.

II

Ce qui affermit mon espérance, ce qui me porte à compter avec confiance sur l'apaisement de la justice de Dieu, c'est l'évidence de son intervention dans les épreuves suprêmes que la France subit en ce moment. « Si je n'étais croyant, me disait hier un homme d'un grand esprit, je le deviendrais à l'instant même, tant le doigt de Dieu se montre apparent et sensible dans la crise redoutable que nous traversons depuis un an. »

Et en effet, Dieu ne s'est pas contenté de réduire en poussière les splendeurs factices de notre constitution révolutionnaire ; il a mis à néant ses illusions et ses promesses. Il a dévoilé les mensonges de sa force militaire et les mensonges de sa force civile. Dieu a fait plus encore : il a renversé l'échafaudage de ses institutions ; et, à la lueur de l'incendie qui les dévore, il fait apparaître l'anarchie, l'anarchie morale, sociale et politique, comme le dernier mot de la révolution. L'inflexible logique de la révolution a tourné contre les institutions révolutionnaires tous les sophismes et tous les complots dont la révolution s'était servie pour se produire elle-même. Ce sont les missionnaires, les défenseurs, les orateurs de la révolution qui ont creusé l'abîme où la révolution se précipite elle-même, et c'est la révolution elle-même qui a fait successivement justice de tous les révolutionnaires et de tous les coupe-jarrets de la révolution ; car la révolution est une marâtre qui dévore impitoyablement ses enfants. Et quand on étudie l'histoire des hommes qui se sont faits les instruments de cette force exclusivement subversive ; quand on voit le sort qu'elle leur réserve, la fin lamentable qu'elle leur prépare, on ne peut se défendre d'une douloureuse surprise en voyant qu'en dépit de ses ingratitudes, la révolution trouve toujours de nombreux instruments empressés de la servir, des hommes toujours prêts à sacrifier à ses mensonges leur âme, leur conscience et leur vie. On dirait que la révolution, dans les générations abaissées de notre siècle, a remplacé le christianisme ; elle est devenue universelle et partout solidaire : elle a ses prophètes et ses martyrs, et, dans ce siècle de progrès et de lumières, elle a remplacé le fanatisme de la foi par le fanatisme de la convoitise !

C'est que la révolution qui n'est rien de moins, ni rien de plus que le symbole vivant de la déchéance originelle, rencontre fatalement dans les âmes déchues des échos puissants qu'elle fait vibrer à son profit. La passion de jouer un rôle, ne fût-ce que quelques semaines ou seulement quelques jours, a, pour les âmes fermées aux enseignements du christianisme, des attraits invincibles devant lesquels l'honneur, le patriotisme et la conscience demeurent sans valeur et sans voix. C'est le mépris et le dégoût, c'est la ruine et la misère qui ont, presque sans exception, atteint les hommes dont la révolution a fait, tour à tour, ses jouets et ses victimes ; cela n'importe pas. L'orgueil, la convoitise, le sensualisme, ces hideux produits de la déchéance originelle, triomphent aisément des esprits, subjugent facilement les cœurs sans principes et sans foi ; et ce phénomène, si douloureux qu'il soit, n'a rien d'extraordinaire, car il a sa raison d'être dans la force des chosses et la faiblesse des hommes. Mais ce qui est vraiment extraordinaire, ce qui semble le comble de la démence et de l'imprévoyance humaines, c'est que nos lois et nos institutions, les procédés officiels des gouvernements qui nous régissent, s'évertuent depuis un siècle à soustraire les intelligences aux enseignements du christianisme, à arracher les âmes aux tutélaires influences de l'Église et de la religion.

La constitution de 1793 a si complétement écarté Dieu de ses institutions, de ses administrations et de ses lois ; elle a si rigoureusement banni son souvenir de ses systèmes d'éducation et d'enseignement, de ses mœurs publiques et de ses habitudes sociales, qu'elle a fait de la société moderne, non pas une société païenne, car les dieux chez les païens comptaient pour quelque chose, mais une société sans Dieu ! c'est-à-dire sans religion, sans Église et sans foi ! C'est au nom de la liberté, c'est au nom de la civilisation, c'est au nom du progrès de l'humanité, c'est-à-dire au nom

de tout ce que la religion catholique a in-
troduit, propagé et protégé dans le monde,
que la révolution prétend dépouiller l'É-
glise du Christ de l'autorité et de l'action
qui lui appartiennent sur la terre et qui lui
viennent de Dieu. Elle lui conteste le droit
primitif et fondamental de s'enquérir de ce
qui touche au cœur, à l'intelligence, à la
destinée des nations catholiques ; de sau-
vegarder les convictions et les principes ;
de s'occuper, en un mot, des choses qui,
« pour n'être pas immédiatement du
« temple et du sanctuaire, n'en ont pas
« moins la puissance de remuer les géné-
« rations jusque dans leurs profondeurs,
« et les sociétés jusque dans leurs fonde-
« ments. » (Le R. P. Félix.)

L'Église, c'est la constitution qui le proclame, l'Église n'a pas de droits. C'est une
chose humaine, subordonnée comme toutes
choses à la souveraineté de la chose publique. Il n'y a qu'un maître, il n'y a qu'un
Dieu dans l'État, c'est l'État lui-même.

Le reste, c'est-à-dire les institutions, les croyances, les pratiques, les religions, ne sont que des auxiliaires, des instruments de sa puissance. Il les tolère, il consent même à les protéger quand elles le servent, mais il n'en professe, il n'en adopte aucune. L'État n'a pas de foi, pas de symboles pas de religion qui lui soient propres : constitutionnellement et socialement il est athée. Dieu n'est pas le principe de son autorité, ni l'origine de sa puissance ; ce n'est pas en son nom qu'il règne et qu'il commande ; c'est au nom de la constitution. Toute alliance avec une religion quelconque mentirait donc à son système : son culte réel, sa religion effective sont de n'en point avoir ; bien plus, son devoir et sa mission l'obligent à écarter soigneusement du grand œuvre de la civilisation moderne les influences catholiques, qui sont la contradiction de son origine humaine et la négation du principe laïque de son autorité.

Eh bien ! cette apostasie publique, dont

la constitution de 1793 nous donne depuis un siècle le désolant spectacle, c'est Dieu lui-même qui nous en montre en ce moment les lamentables résultats. Au règne de Dieu, elle a substitué le règne de l'homme. Répudiant toute intervention religieuse dans l'ordre de la vie sociale et politique des peuples ; plaçant toute religion, vraie ou fausse, humaine ou divine, dans une même indifférence et sous le joug d'une inflexible égalité, elle a fini par chasser de l'âme même du peuple tout symbole, toute croyance, tout culte, en un mot toute religion. A force de dédaigner l'Église du Christ, à force de l'entourer d'administrations ombrageuses et de législations jalouses, la constitution de 1793 a créé une société pour qui les dogmes de l'Église sont comme s'ils n'étaient pas ; que les lois de l'Église n'obligent pas ; qui la tient non-seulement à l'écart, mais encore en défiance ; et qui, de défaillances en défaillances, et d'abaissements en abaissements, en arrive à ne plus savoir obéir, parce qu'elle a désappris à respecter.

Voilà le terme fatal où nous a conduits la constitution révolutionnaire dont on nous vante depuis un siècle les libertés et les bienfaits. Dans l'ordre moral, c'est l'anéantissement des convictions et des principes, c'est l'abaissement des caractères, c'est le désordre dans les esprits. Dans l'ordre social, c'est le communisme qu'elle enfante, cette chose vraiment sauvage qui ébranle la terre, c'est-à-dire la société humaine, ne connaissant d'autre Dieu que la force, d'autre enfer que la misère, d'autre paradis que la jouissance.

III

Je le demande à quiconque n'a pas un triple bandeau sur les yeux, le premier besoin, le premier devoir de la France n'est-il pas d'arracher sa fortune, ses destinées et sa conscience aux influences désolantes d'une pareille constitution ? Dieu veuille qu'il ne soit pas trop tard, et que le régime funeste qui la pervertit depuis un siècle n'ait pas entièrement énervé le cœur et le tempérament de la France ! Mais nos provinces ne sont pas aussi profondément atteintes ; les intelligences et les consciences n'y sont pas aussi faussées qu'elles le sont à Paris. C'est en elles que nous plaçons nos espérances : car c'est uniquement de l'action collective de la France que peut venir la régénération et le salut. C'est à nos provinces qu'il appartient de briser la dictature révolutionnaire que les excès de notre centralisation ont permis à Paris d'exercer sur la France : ce sont les réclamations indignées des mandataires de nos provinces qui seules pourront relever la France de l'athéisme légal, dans lequel elle achève de se perdre moralement.

Telle est la double mission de nos provinces ; il n'y a que trop longtemps qu'elles subissent en silence le joug capricieux et violent de Paris. Qu'elles prennent en main les intérêts de la France, dont elles sont le cœur, la force et la conscience ; « de cette « France qui souffre de la révolution, mais « ne veut pas mourir ; qu'elles ne lui don- « nent pas seulement une halte dans le « désordre, mais la sécurité morale et ma- « térielle, en reprenant la chaîne de ses « véritables traditions, en retournant réso- « lûment aux principes nécessaires à toute « société qui veut vivre dans l'honneur et « dans la liberté. » (*Lettre de M. le comte de Chambord.*)

IV

Ce n'est pas impunément, en effet, qu'une nation comme la France, répudiant les devoirs primordiaux sur lesquels re- pose toute société humaine, a chassé sa religion et son Dieu de toutes les formes de l'activité sociale. — La France est moralement et historiquement catholique ; elle a des antécdents qui l'obligent envers Dieu ; et ce serait une insigne folie de s'imaginer que Dieu, si bon qu'il soit, est un Dieu sous lequel la trahison soit à son aise. Comment expliquer, en effet, les désastres de la France? Quelle est la raison de ses imprévoyances, de ses humiliations, de ses lamentables abaissements? Ils dépassent bien évidemment la mesure et la possibilité des hommes; tant d'impéritie et tant de fautes, tant de malheurs et d'infortunes ne sont pas exclusivement le fait de la misère humaine; et dans l'impitoyable série de nos épreuves, il faut bien, quoi qu'il en coûte à notre orgueil, reconnaître un châtiment. — L'esprit révolutionnaire aura beau se retrancher dans le scepticisme de ses imbéciles ricanements, la conscience humaine sera toujours obligée de reconnaître qu'il est un Dieu dans le ciel, et que sa justice a su toujours atteindre sur la terre les sociétés et les nations qui le trahissent et qui l'outragent. Nous étions le peuple préféré du Seigneur, et nous avons trahi notre mission. La révolution a répudié les origines glorieuses de la grandeur française ; elle a violé le caractère chrétien de sa nationalité en inscrivant en tête de sa constitution la négation des droits de Dieu, en bannissant toute pensée religieuse de ses enseignements et de ses lois.

« Les apôtres ont converti les autres peuples, disait il y a quelques jours à Rome le Père Curci ; mais les Francs, comme S. Paul lui-même sur le chemin de Damas, sont devenus chrétiens sur les champs de bataille par la directe intervention de Dieu ! » Si ce mot tout français, *noblesse oblige*, s'applique à quelque chose sur la terre, c'est au sentiment le plus fécond, le plus noble, le plus enraciné dans la conscience humaine, c'est au sentiment religieux qu'il s'applique évidemment.

Constituer une société dont Dieu soit absent, est une énormité pour tous les peuples ; pour la France, c'est une véritable trahison. Aussi, n'est-il pas exagéré de dire, que si la dictature de Paris sur la France a été au point de vue politique le coup de maître de la révolution, le divorce de la société civile et de la religion a été au point de vue moral la plus exorbitante et la plus impie de ses usurpations.

Ces deux usurpations se touchent et se confondent. Elles ont la même origine, et ce sont elles, les faits ne parlent que trop haut à cet égard, qui ont été le point de départ des convulsions politiques, la cause des perversions morales au milieu desquelles la France se débat en ce moment.

Supprimer l'omnipotence dictatoriale de la ville de Paris ; mettre les destinées de la France à l'abri des secousses de sa population nerveuse et maladive, ce sera mettre la cognée à la racine de l'arbre et supprimer d'un seul coup l'instrument effectif de nos révolutions. Mais cela ne suffit pas encore : ce qu'il faut à la France avant tout, c'est l'ordre, non pas seulement l'ordre matériel, mais l'ordre moral, l'apaisement dans les âmes. Or le divorce de la société civile avec la religion constitue pour la nation qui le proclame un désordre véritable, une redoutable et profonde anarchie. Il jette dans l'atmosphère des âmes des idées fausses, des préjugés et des sophismes qui pervertissent les esprits, qui troublent les consciences, qui ébranlent jusque dans leurs profondeurs les bases rationnelles de l'ordre social tout entier.

Sous le prétexte spécieux qu'un jour socialement l'Église touchait à tout, des législateurs, se disant chrétiens, ont décrété souverainement que l'Église ne toucherait à rien ; que l'Église ne se mêlerait de rien ; que l'Église ne serait rien. — Sous le prétexte mensonger que l'Église outrepassait ses droits, ils ont mis audacieusement la main sur les droits de l'Église ; et

cette Église catholique, qui a exercé sur
l'humanité soumise à son empire un ascendant si bienfaisant et si grand, qui a
fait couler dans les veines de cette humanité chrétienne la séve des vertus morales,
des législations fraternelles, des institutions protectrices qui sont les vrais fruits
d'or de la civilisation, c'est au nom de la
civilisation moderne qu'on prétend lui
ravir dans cette société qu'elle a formée
par son travail, le droit de cité et le droit
de justice! — C'est au Christ lui-même, ré-
gnant et vivant dans son Église, qu'on
refuse le droit de gouverner socialement
cette grande nation française, qui a grandi
pour ainsi dire sur ses genoux, et qui n'est
devenue la France que par les influences
de la religion et de l'Église!

Il faut donc savoir le dire sans réserve
et sans crainte, en dépit des objurgations et
des sarcasmes qui bourdonnent autour de
nous, le dédain des influences catholiques,
l'anéantissement du règne public du Christ

au sein de la société française est une cause
de perversion morale, aussi redoutable
pour la France que le désordre matériel
de ses révolutions : « Mieux que les cou-
« leurs sur nos vêtements, les erreurs,
« quand elles se généralisent, déteignent
« sur nos intelligences, et l'on ne tarde pas
« à voir sur l'aristocratie de l'intelligence,
« de la religion et de la vertu, l'ombre du
« faux lui-même obscurcir la splendeur
« du vrai. » (Le R. P. Félix.)

S'il en est ainsi des hommes d'intelligence, de religion et de vertu, quels pernicieux ravages exerce sur la conscience et
la moralité des masses l'athéisme pratique
officiellement proclamé par nos institutions et par nos lois. Ne les voyons-nous
pas les résultats qu'il enfante? Il y a des
millions d'hommes en France, ouvriers,
artisans et bourgeois, pour qui le culte catholique et l'adoration de Dieu sont aussi
inconnus que la religion de Bouddha; qui
vivent sans sacrements et sans croyances,

et qui, jusque dans les bras de la mort, repoussent les bénédictions de l'Église comme un attentat à la liberté de leur conscience, comme la contradiction de l'émancipation religieuse proclamée par la constitution.

Et c'est la France, la France de Clovis, de Charlemagne et de S. Louis, c'est la fille aînée de l'Église qui a non-seulement accepté pour elle cette odieuse apostasie, mais qui permet, depuis un siècle, qu'on l'accrédite dans le monde et qu'on l'y propage en son nom. — Dieu pouvait-il ne pas châtier des infidélités et des attentats qui insultent à la divine Providence, en même temps qu'ils outragent la raison et le bon sens?

J'entends dire qu'il existe dans l'Église, ou plutôt parmi les hommes qui la représentent et qui la servent, des imperfections et des abus : cela peut être vrai ; il y a quelquefois de mauvais prêtres ; il y a des prêtres ambitieux et vaniteux qui entrent en charge, dit S. François de Sales, « préférant leur intérêt au bien public, et plus désireux de s'honorer eux-mêmes que de servir l'Église et de sauver les âmes. » Mais ces imperfections et ces abus ne sont pas le fait de l'Église ; ils sont le fait des hommes, car partout où il y a des hommes, il y a des imperfections et des abus. Qu'on prenne contre les hommes toutes les précautions que l'on voudra : l'Église, dans la mesure de la justice, sera la première à y souscrire. Son empressement, sa vigilance à cet égard ne sauraient être suspectés alors qu'au milieu du bouleversement des classes sociales, le clergé demeure encore aussi dévoué et aussi pur que nous le voyons en ce moment. D'ailleurs (que Dieu nous en préserve !) ce n'est pas un régime théocratique, ce n'est pas l'intervention du prêtre dans l'administration ou le gouvernement civil de la France que nous souhaitons et que nous réclamons : nous demandons simplement que le gouvernement de la

France se proclame officiellement le premier serviteur du Dieu de l'Évangile, et qu'abjurant l'athéisme légal dont notre constitution révolutionnaire a fait la quintessence de la politique moderne, il cesse de refuser à l'Église catholique l'action publique et l'ascendant social qui lui appartient de droit divin.

« Chaque siècle, a dit un écrivain fran« çais, a son expression et son caractère « indélébile : eh bien ! le trait le plus « saillant et le plus arrêté de notre physio« nomie morale, est un profond et amer « désanchantement. Cet amer désanchante« ment a sa source dans les mille décep« tions sociales et politiques dont nous « sommes, depuis quatre-vingts ans, les « jouets et les victimes : il a sa preuve dans « le matérialisme organique et constitutif « de notre époque déchristianisée. » Si après les épreuves que nous venons de traverser, et devant les orages qui nous menacent encore, il était possible d'entrevoir des jours plus calmes et plus séreins, nous avons le droit de prétendre logiquement que la reconnaissance officielle des droits de Dieu proclamée par l'État lui-même dans son enseignement public et dans ses lois, ne serait pas seulement la juste réparation de l'ignorance ou de l'indifférence qui ont préparé tant de désastres ; mais qu'elle aiderait encore la France à se relever de ses misères morales, et répondrait infailliblement à ses besoins de foi, d'espérance et de consolation.

V

Un mot encore eu terminant : grâce à la constitution révolutionnaire qui la régit depuis quatre-vingts ans, la France est devenue l'apôtre ; elle s'est faite elle-même le missionnaire de la révolution ; elle a usé de la force d'expansion qu'elle a reçue de Dieu, pour propager à travers le monde

ses apostasies et ses exemples ; elle a re-
cueilli pour elle-même les convulsions
violentes et périodiques dans lesquelles
elle agonise en ce moment, elle n'a pas été
plus heureuse à l'extérieur : c'est en vertu
des grands principes de 93, et pour la plus
grande gloire de la révolution, qu'elle a
constitué l'unité italienne et dépouillé le
Saint-Siége de ses États : or ce sont les révolutionnaires italiens, y compris le gouvernement lui-même, qui font publiquement,
pour les bandits de la Commune, les vœux
les plus ardents : et tandis que ces révolutionnaires italiens, reconnaissant les ser-
vices et les bienfaits de la France en se
plaçant ouvertement du côté de ses plus
mortels ennemis, à Rome, le saint-père,
que nous avons dépouillé en leur faveur,
Pie IX ordonne des prières pour obtenir de
Dieu qu'il rende la paix à la France, « *à
cette généreuse et catholique nation, dont
la papauté*, dit-il, *attend le secours et le
salut.* »

Il y a, dans ce simple rapprochement, toute une révélation pour le France : il lui montre, d'une part, l'ennemi qui la menace, et de l'autre la voie qui la pourra sauver. Car l'implacable ennemi de la France, c'est la révolution. La révolution est la perdition de la France ; elle est la cause de ses douleurs, de ses défaillances, de ses profonds abaissements. Que vaut la guerre la plus désastreuse en regard des hontes et des horreurs de nos discordes intestines? — Ne semble-t-il pas que M. de Bismarck et son empereur ont des figures aimables, quand on les compare aux hommes de la Commune dont la révolution a fait, depuis un mois, les souverains de Paris?

Si comme nous voulons l'espérer jusqu'à la dernière heure, le tempérament, le bon sens de la France ne sont pas encore complétement pervertis, elle fera justice de ces institutions révolutionnaires qui la démoralisent et qui la ruinent. — Elle commencera tout d'abord par la centralisation révolutionnaire, qui met sa fortune, sa liberté, sa grandeur à la merci d'un coup de main. — Elle abjurera résolûment encore l'athéisme social et politique dont elle donne depuis un siècle au monde le spectacle désolant. — Voilà les deux fléaux de notre pauvre France ; ils violent tous les principes, ils abaissent les caractères en éteignant les convictions. Chaque période révolutionnaire éclaire d'une lueur plus sinistre et plus frappante les progrès de cette effrayante perversion. Elle atteint aujourd'hui des proportions si grandes qu'il semble, en vérité, que le bon sens et le courage, le patriotisme et l'honneur même, ce sentiment si distinctif de la nation française, ont disparu de la France si intelligente et si fière, si courageuse et si religieuse autrefois.

Je ne suis qu'une humble voix qui crie dans le désert ; mais c'est de toute l'énergie de mes convictions, c'est de toutes les puissances de l'amour ardent que je porte à mon pays, que je l'adjure de remonter le courant qui l'entraîne, de ne pas chercher seulement une halte dans le désordre, mais de revenir enfin, après tant et de si cruelles épreuves, aux institutions et aux principes indispensablement nécessaires, je le répète, à toute société qui veut vivre dans la sécurité, dans l'honneur et dans la liberté.